VENTE

Du Vendredi 21 Mai 1909

HOTEL DROUOT, SALLE N° 1

à 2 heures

EXPOSITION PUBLIQUE

Jeudi 20 Mai 1909

DE 2 HEURES A 5 HEURES 1/2

Anciennes Faïences

HISPANO-MAURESQUES

à reflets métalliques

FAÏENCES & PORCELAINES DIVERSES

OBJETS D'ART

MEUBLES · SIÈGES · TAPIS

Le tout appartenant à Mme L.....

COMMISSAIRE-PRISEUR

M° HUCHEZ

EXPERTS

MM. PAULME & B. LASQUIN Fils

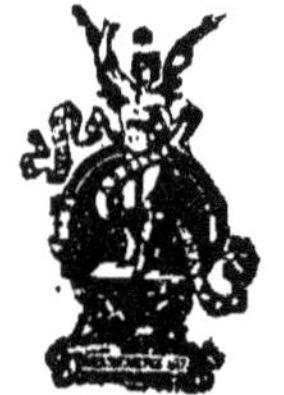

CATALOGUE

DES

ANCIENNES FAIENCES HISPANO-MAURESQUES

à reflets métalliques

FAIENCES ET PORCELAINES

DE CHINE, JAPON, COMPAGNIE DES INDES, LOUISBOURG, SAXE, MOUSTIERS,
NEVERS, LILLE, ROUEN, DIVERSES

BRONZES D'AMEUBLEMENT - LUSTRES - PENDULES

Bronzes Chinois et Japonais

OBJETS VARIÉS

MEUBLES - SIÈGES - TAPIS

Le tout appartenant à Madame L...

Dont la Vente aux Enchères Publiques aura lieu

HOTEL DROUOT, SALLE N° 1

Le Vendredi 21 Mai 1909, à 2 heures

<table>
<tr><td>COMMISSAIRE-PRISEUR</td><td>EXPERTS</td></tr>
<tr><td>Me HUCHEZ</td><td>MM. PAULME & B. LASQUIN fils</td></tr>
<tr><td>17, rue de Maubeuge</td><td>10, rue Chauchat | 12, rue Laffitte</td></tr>
</table>

PARIS

Chez lesquels se distribue le présent Catalogue.

EXPOSITION PUBLIQUE

Le Jeudi 20 Mai 1909, Salle N° 1, de 2 heures à 5 h. 1/2

CONDITIONS DE LA VENTE

Elle sera faite au comptant.

Les adjudicataires paieront *dix pour cent* en sus des enchères.

L'exposition mettant le public à même de se rendre compte de l'état et de la nature des objets, il ne sera admis aucune réclamation, une fois l'adjudication prononcée.

Paris. — Imprimerie de l'Art, Ch. Berger, 41, rue de la Victoire.

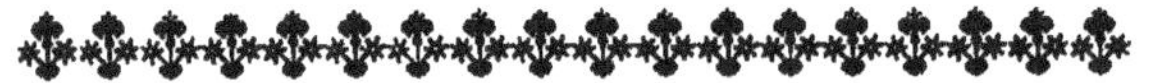

DÉSIGNATION

FAIENCES & PORCELAINES
CHINE, JAPON, Cie DES INDES

LOUISBOURG, SAXE, MOUSTIERS, NEVERS, ROUEN, DIVERS

1 — **Divers.** Assiette en ancienne faïence. Ballon au centre.

2 — **Satsuma.** Service à thé et à café en faïence, comprenant : théière, cafetière, pot à lait, sept tasses et huit soucoupes.

3 — **Japon.** Plat creux, de forme octogone, à bord contourné, en ancienne porcelaine, décorée en bleu, rouge et or, d'arbustes, fleurs et rochers.

4 — **Japon.** Paire de lampes, formées de potiches, en ancienne porcelaine, décor en bleu, rouge et or. Monture en bronze. Style **Louis XVI.**

5 — **Chine.** Plat creux, à godrons, en ancien céladon vert.

6 — **Chine**. Petit plat en ancienne porcelaine, à bord dentelé, décoré en émaux de couleurs ; au centre, d'un kimono en trompe-l'œil ; au marli, par compartiments alternant, paysages et fleurs, fond rose pointillé.

7 — **Chine**. Quatre assiettes en ancienne porcelaine de la Compagnie des Indes, décorées en couleurs, au centre : écusson à deux blasons, sommés d'une couronne ; au marli, feston de fleurs.

8 — **Chine**. Paire de grosses potiches couvertes en ancienne porcelaine, décor en bleu de quatre réserves à feuillages, arbustes et fleurs, fond de hachures bleues.

9 — **Indes** (Compagnie des). Plat creux en ancienne porcelaine, décoré au centre d'un écusson armorié. A la chute et à la bordure, frises de feuillages et imbrications.

Diam., 39 cent. 1/2.

10 — **Indes** (Compagnie des). Deux plats en ancienne porcelaine, décor en couleur, au centre, à la chute et au marli de bouquets de fleurs, et d'un écusson armorié.

Diam., 35 cent.

11 — **Louisbourg**. Trois tasses à anses et leur soucoupe en ancienne porcelaine à bord gaufré, décor à fleurs en couleur.

12 — **Saxe.** Deux assiettes en ancienne porcelaine, décor au centre de fleurs et insectes ; au marli, gaufrage simulant la vannerie avec semi de fleurettes.

13 — Bol en ancienne porcelaine, à bordure gaufrée simulant la vannerie, décor en couleur, oiseaux et insectes.

14 — **Lille.** Assiette en ancienne faïence, décor bleu ; au centre, écusson armorié sommé d'un casque et avec l'inscription : *Damoisselle Thérèse Iabin De la Guitonniers, 1738 ;* au marli, lambrequins à palmettes.

15 — **Nevers.** Plat creux en ancienne faïence, décoré en bleu dans le goût chinois, au centre d'un personnage, à la chute et à la bordure de huit réserves à personnages et feuillages.

Diam., 34 cent.

16 — **Moustiers.** Coupe, de forme contournée, en ancienne faïence, décor polychrome : fleurs, feuillages et rochers au centre ; festons de fleurs au marli.

17 — **Moustiers.** Cinq assiettes à bord festonné en ancienne faïence, décor polychrome, à personnages grotesques et fleurs.

18 — **Moustiers.** Deux assiettes à bord festonné en ancienne faïence, décor polychrome à bouquets de fleurs.

19 — **Moustiers.** Plat creux de forme ovale, contourné, en ancienne faïence, à décor Bérain, en bleu.

20 — **Moustiers.** Plat creux ovale, **de forme contournée,** en ancienne faïence, décor polychrome à grotesque, d'après CALLOT.

21 — **Moustiers.** Plat creux, de forme ovale et contournée, décor polychrome à bouquets de fleurs détachées.

22 — **Rouen.** Plat, de forme octogone, en ancienne faïence, décoré en bleu, au centre d'une rosace, et lambrequins à la bordure.

> Long., 48 cent. 1/2 ; larg., 35 cent.

23 — **Rouen.** Deux assiettes, à bord contourné, en ancienne faïence, à décor polychrome à oiseaux, coquillages, fleurs et fruits.

24 — **Rouen.** Paire de cache-pot en faïence, décor polychrome à lambrequin.

25 — **Delft.** Plaque, de forme contournée, à rocailles, en ancienne faïence ; décor, au centre : Moïse sauvé des eaux ; à la bordure, arabesques feuillagées et moutons en réserves, en bleu. Modillon porte-lumière.

26 — **Delft**. Plaque analogue à la précédente.

27 — **Delft (?)** Assiette, à bord mouvementé, en ancienne faïence, décor polychrome, à fleurs en léger relief dans le goût chinois.

28 — **Delft**. Garniture de cinq pièces : trois potiches couvertes et deux cornets, décor en bleu, feuillages et fleurs en réserve sur fond bleu et fond blanc, et rinceaux en relief en ancienne faïence.

29 — **Delft**. Petite plaque, de forme mouvementée, en ancienne faïence, décor bleu : berger et bergère.

30 — **Delft**. Assiette en ancienne faïence, décor en bleu ; au centre, écusson armorié, sommé d'une couronne de marquis ; au marli, lambrequins et coquilles.

31 — **Delft.** Assiette en ancienne faïence, décor bleu ; au centre, intérieur de cabaret animé de nombreuses figures ; au marli, lambrequins et palmette et bande quadrillée.

ANCIENNES FAIENCES

HISPANO-MAURESQUES A REFLETS MÉTALLIQUES

190

32 — Plat creux à ombilic, décor de feuillages, feuilles de fougère et fruits, rehaussé de bleu.

Diam., 39 cent.

200

33 — Plat à ombilic, à rosace, décor semi de petites feuilles.

Diam., 38 cent.

142

34 — Plat creux à ombilic, décor de larges feuilles et disque central en bleu, feuillages et rosace.

Diam., 40 cent.

200

35 — Plat à ombilic, à godrons, entièrement décoré de feuillages, rehaussés de bleu.

Diam., 38 cent.

167

36 — Plat creux à ombilic pointillé, décoré de larges feuilles et de graine, rehaussées de bleu.

Diam., 38 cent.

220

37 — Plat creux à ombilic, à rosace, décoré de six poissons et un oiseau, rinceaux et feuillages aquatiques.

Diam., 37 cent.

38 — Plat à ombilic, décor à la chute et au marli,
fleurs et palmettes, et bande circulaire à carac-
tères d'écriture.

Diam., 38 cent.

39 — Plat creux à ombilic, décoré sur toute sa
surface d'ornements. rehaussés de bleu.

Diam., 40 cent.

40 — Plat creux à ombilic, décor d'oiseau fantas-
tique et d'un bœuf sur tout le diamètre, fond
chargé de feuillages.

Diam., 41 cent.

41 — Plat creux à ombilic, à rosaces, décoré à la
chute de trois bandes concentriques : au marli,
fleurs, feuillages et ornements en creux alternant.

Diam., 40 cent 1/2.

42 — Plat creux à ombilic, décoré d'œillets et arabesques, séparés par des triangles à raies dia-
gonales. rehaussées de bleu.

Diam., 40 cent. 1/2.

43 — Plat creux à ombilic, à godrons, décor de
rosaces et quadrillages à trèfle alternant; à la
chute, feuillages et fleurs en relief alternés de
tulipes en bleu.

Diam., 41 cent.

44 — Plat creux à ombilic, à croix centrale, décor
à la chute, entrelacs ; au marli, feuillages en
relief.

Diam., 39 cent.

45 — Plat à ombilic, à armoirie. Il est entièrement
décoré de feuillages, fleurs et ornements.

Diam., 41 cent.

46 — Plat à ombilic, décoré au marli de feuillages
légèrement en relief et d'imbrications, à la
chute, bande concentrique à arabesques.

Diam., 39 cent.

47 — Plat creux, décoré de feuillages; au centre,
branchage en bleu.

Diam., 35 cent. 1/2.

48 — Plat creux à ombilic, à oiseaux; au marli,
godrons et feuillages alternant; à la chute, ca-
ractères d'écriture; au bord, filet bleu.

Diam., 40 cent.

49 — Plat rond à ombilic, à fleurons; au marli,
larges feuilles en relief, rehaussées de bleu.

Diam., 40 cent.

OBJETS VARIÉS

50 — D'Adelsward (G.). *Vue de la Forêt de Fontainebleau. Barbizon à Jehan de Paris.*

Toile. Signée et datée : 79.

51 — Éventail avec feuille en parchemin, décorée, au centre, d'un sujet : Offrande à l'amour dans un parc ; sur les côtés, deux petits médaillons ronds, avec amours et attributs, encadrement à guirlande de fleurs. Monture en ivoire découpé à motifs rocailles et personnages. Sur fond de nacre. Époque Louis XV.

52 — Éventail avec feuille en parchemin peint à la gouache, à sujet : Fête villageoise. Monture en ivoire découpé à jour, avec médaillons rocailles. Décoré au vernis. Époque Louis XV.

53 — Boîte ronde en ivoire, cerclée d'or, ornée de deux miniatures : Portrait de femme. Époque Louis XVI.

54 — Plateau de service en laque du Japon.

55 — Paire de lampes, formées d'une potiche, en ancien céladon craquelé de Chine. Monture en bronze.

56 — Médaillon ovale en acier, orné d'applications en or et argent ciselé, à branchages, fleurs et cigogne, avec sa chaine à olives en acier niellé, Écrin en laque. Travail japonais.

57 — Peigne en écaille.

LUSTRES

GARNITURES DE CHEMINÉES

BRONZES DE L'EXTRÊME-ORIENT

58 — Garniture de cheminée en bronze doré, composée d'une pendule et deux candélabres, de style Louis XV.

59 — Pendule en marbre noir.

60 — Pendule en bronze doré. Sur socle en bois sculpté.

61 — Garniture de cheminée en bronze doré et marbre blanc, comprenant une pendule et deux candélabres, de *Lemerle-Charpentier, bronzier*. Style Louis XVI.

62 — Paire de chenets, pelles et pincettes en fer forgé. XVIIe siècle.

63 — Lustre en bronze doré, à quatre branches formées de chimères, supportant chacune une potiche en ancienne faïence de Delft, décor bleu ; la tige formée de deux potiches en ancienne porcelaine de Chine et quatre soucoupes formant fleurons.

64 — Lustre hollandais ancien en cuivre, à huit lumières.

65 — Vase à long col, à deux anses, en ancien bronze chinois.

66 — Brûle-parfum à quatre faces en bronze chinois. Socle en bois noir ajouré.

67 — Paire de brûle-parfums en bronze japonais.

68 — Coupe en bronze chinois, avec socle et couvercle en bois de fer ajouré ; le bouton du couvercle en jade.

MEUBLES, SIÈGES, TAPIS

1040 69 — Grand buffet-vaisselier en bois sculpté, ou-
vrant à portes et tiroirs. Époque Louis XV.

70 — Table en bois sculpté, à quatre pieds à entre-
jambes. Époque Louis XIII.

160 71 — Grande table rectangulaire, à deux allonges,
en noyer sculpté. Style Renaissance.

380 72 — Douze chaises en bois sculpté, de l'époque
Louis XV, garnies de tapisserie au point.

305 73 — Grande carpette orientale, à dessins réguliers
sur fond jaune.

Long., 5 mètres; larg , 3 m. 60 cent.

74 — Objets omis au Catalogue.

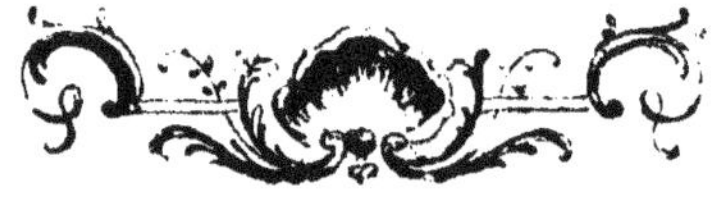

www.ingramcontent.com/pod-product-compliance
Lightning Source LLC
LaVergne TN
LVHW011021180726
843502LV00007B/2679